親子で学べる！

子ども起業家スクール

子どもの社会性や
独立心を育てる！

親子で学ぶ
起業の本

株式会社マザーグース
代表取締役会長
柴崎 方恵
shibasaki masae

はじめに

本書「子ども起業家スクール」のテーマは「起業」です。子どもが起業を考えるのは難しいと思う方も多いかと思います。でも、子どもの時に起業のこと考えることは、とても大切なのです。売るべき商品、売る方法、お金（資金）を作る方法、宣伝方法…などの起業の過程を考えていく中で、自然に社会の仕組みや構造を理解していきます。そして起業を考えることで「自立心」「独立心」が養われるのです。

もちろん子どもが一人で起業を考えていくことは難しいので、ご両親のサポートが必要です。親御さんもお子さんと一緒に「起業」を考えていく、自分自身を起業家として考えていくのです。必ず新しい発見があるはずです。ご自身も「起業してみよう」「働き方を変えてみよう」という気持ちになるかもしれません。

私は32歳でベビーシッターの会社を起業・設立し、２０２４年2月には30周年を迎えます。関東を中心に認可保育園、企業主導の施設、病院で12カ所、フランチャイズも同数ほど展開しています。その経営する保育園などで、幼児向けの「起業」に関する教育プログラムを開始しようと考えています。対象は2歳から小学校低学年くらいで、お買い物ごっこや人生ゲーム、習い事感覚で楽しみながら起業スキルを身につけさせていくのです。

今、日本では大企業が倒産し、サラリーマンが安泰という時代ではありません。そんな不安定な時代を生きていく子どもたちのためにも「起業」という思考や発想が必要なのではないでしょうか。本書は親子で「起業」を学ぶという内容です。お子さんだけでなく、親御さんも起業のチャンスを見つけるキッカケになれば素晴らしいと思います。

２０２２年に、シングルマザーや障害者の雇用支援、貧困家庭の子供の食事・学費の支援を行うため、「女性起業倶楽部」を立ち上げました。今、男性を含む経営者約30人が参加しています。今、「起業」は時代のニーズです。そして起業するには、お客様のニーズに合わせた、自分がワクワク、ドキドキすることにチャレンジすることが大切です。

さあ、本書をキッカケに真剣に「起業」について考えていきましょう。

株式会社マザーグース　代表取締役会長

柴崎　方恵

目次 ● 子ども起業家スクール

04:30 / 10:00

OPEN!
kodomokigyou
おいしい果物がたくさん！
みなさんのお越しをお待ちしています！
1138人が「いいね！」しました

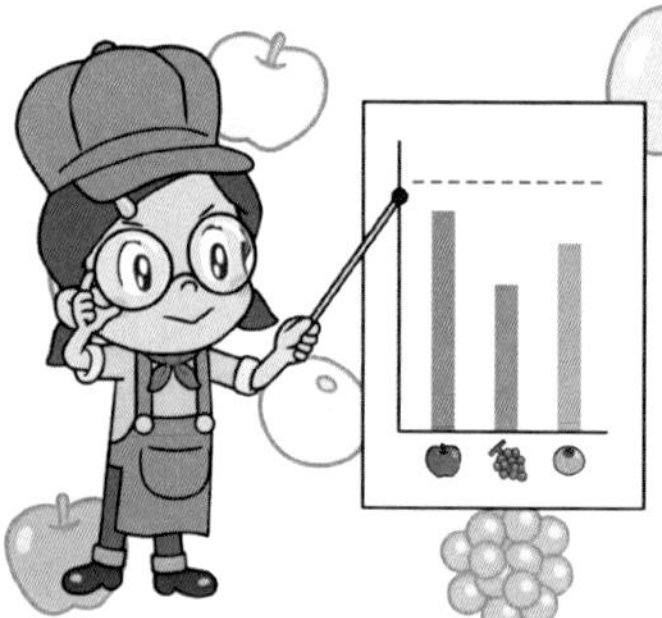

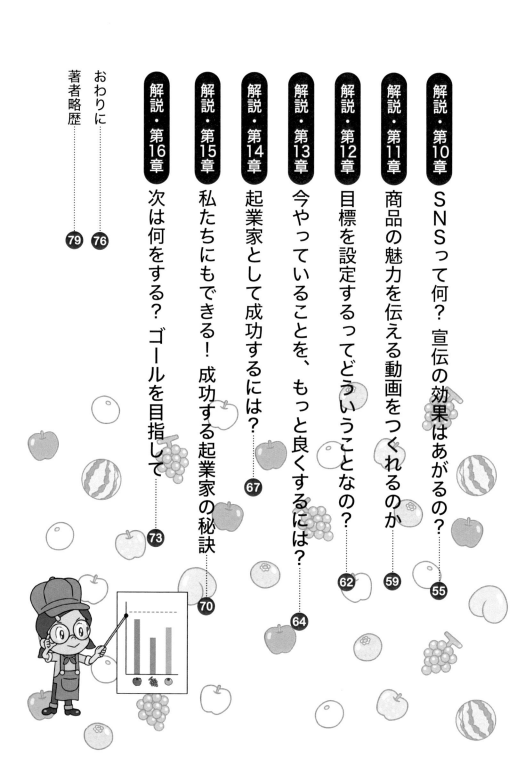

本書での学習の進め方

Part1 ～ Part12 の会話ページをお子さんと一緒に読みます。各項目でのお子さんの質問や疑問に、会話ページにあるワンポイント・アドバイスや後半にある解説ページを参考にして、「起業」というお子さんとっては難しい内容への興味と理解を深めてください。

会話ページ

ワンポイントアドバイス

Part 4 ● 商品をつくるにはどうすればいいの？

サ　キ：叔父さんのフルーツ販売をやっていくには、商品をどうやって作るか考えないとね。
マサル：でも、フルーツってどうやって手に入れるの？
サ　キ：フルーツは市場や農場から仕入れることができるよ。でも、良いフルーツを選ぶことが大切ね。
マサル：そうだね。でも、どうやって良いフルーツを見つけるの？
サ　キ：これは調査が必要。市場や農場を訪れて、品質や価格を比較してみようかな。
マサル：それって大変そう。でも、頑張って調べるしかないね！
サ　キ：そうだね。そして、商品を作るためにはレシピや製法も考えないといけないわ。
マサル：レシピって、どうやって考えるの？
サ　キ：フルーツの種類や組み合わせを考えて、美味しくてユニークなスイーツを作るんだ。いろいろなことを試さなくてはいけないけど、きっと楽しいって！

！ 商品を売るには商品を仕入れないといけません。利益をだすためには100円の物を100円で売ったら利益はないので、**いかに高く売れるかを工夫します。**また仕入れるときも100円の物をそのままの値段で買うのではなく、50円とか60円で仕入れられれば利益がでますよね！ だから利益を出すためには、農家さんや市場で**いかに安く仕入れられるかが大切です。**

17

Part 4

商品をつくるにはどうすればいいの？

市場や農場の調査が必要なんだね。
レシピや製法も考えなくちゃね。

18

解説ページ

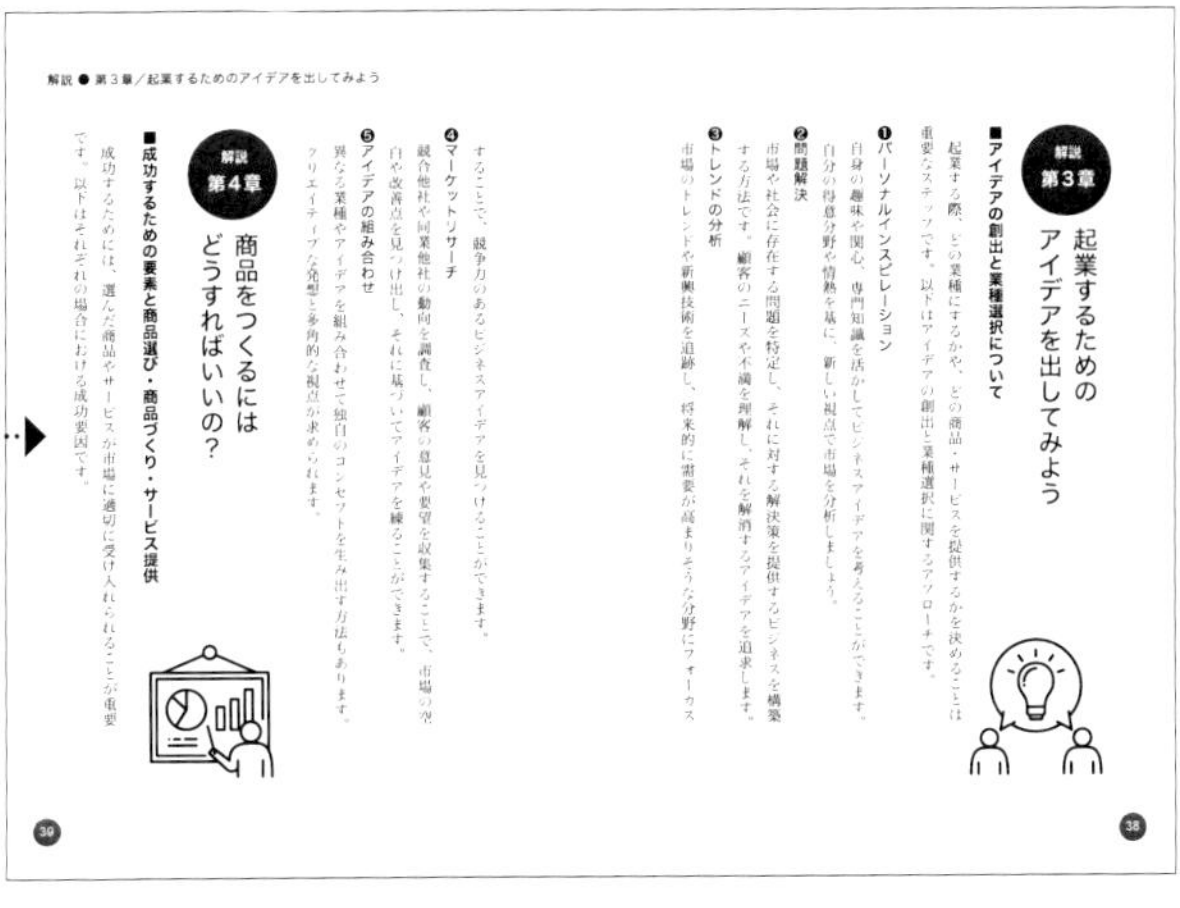

解説 ● 第3章／起業するためのアイデアを出してみよう

解説 第3章

起業するためのアイデアを出してみよう

■アイデアの創出と業種選択について

起業する際、どの業種にするかや、どの商品・サービスを提供するかを決めることは重要なステップです。以下はアイデアの創出と業種選択に関するアプローチです。

❶パーソナルインスピレーション
自身の趣味や関心、専門知識を活かしてビジネスアイデアを考えることができます。自分の得意分野や情熱を基に、新しい視点で市場を分析しましょう。

❷問題解決
市場や社会に存在する問題を特定し、それに対する解決策を提供するビジネスを構築する方法です。顧客のニーズや不満を理解し、それを解消するアイデアを追求します。

❸トレンドの分析
市場のトレンドや新興技術を追跡し、将来的に需要が高まりそうな分野にフォーカスすることで、競争力のあるビジネスアイデアを見つけることができます。

❹マーケットリサーチ
競合他社や同業他社の動向を調査し、顧客の意見や要望を収集することで、市場の空白や改善点を見つけ出し、それに基づいてアイデアを練ることができます。

❺アイデアの組み合わせ
異なる業種やアイデアを組み合わせて独自のコンセプトを生み出す方法もあります。クリエイティブな発想と多角的な視点が求められます。

38

解説 第4章

商品をつくるにはどうすればいいの？

■成功するための要素と商品選び・商品づくり・サービス提供

成功するためには、選んだ商品やサービスが市場に適切に受け入れられることが重要です。以下はそれぞれの場合における成功要因です。

39

Part 1

起業《きぎょう》って何《なん》だろう

《登場人物《とうじょうじんぶつ》》

姉《あね》（サキ）：小学《しょうがく》5年生《ねんせい》。いろいろなことに興味《きょうみ》をもち、実行力《じっこうりょく》もあるしっかりもののお姉《ねい》さん。

弟《おとうと》（マサル）：小学《しょうがく》3年生《ねんせい》。なんでも気《き》になる好奇心《こうきしん》あふれる男《おとこ》の子《こ》。姉《あね》（サキ）と一緒《いっしょ》に起業《きぎょう》をめざす。

マサル：ねえ、お姉《ねい》ちゃん、起業《きぎょう》ってなあに？

サ　キ：起業《きぎょう》？ たぶんお店《みせ》とかやることじゃない？

マサル：へえ〜、どんなお店《みせ》？

サ　キ：叔父《おじ》さんがやっていたフルーツ販売《はんばい》をやってみるとか？

マサル：でも、たいへんじゃない。

サ　キ：起業《きぎょう》ブームだっていうから、私《わたし》たちでも大丈夫《だいじょうぶ》。

マサル：起業《きぎょう》って、でも、よくわからないな。

サ　キ：じゃあ、先生《せんせい》に教《おし》えてもらいましょう！

！ 企業というのは「個人事業主」と「会社」があります。個人事業主は、お店屋さんや個人のお教室などで、他人をあまり雇用せず一人で仕事をします。会社は一人の会社もありますが、何人もの人を雇ってやるところがあります。でも起業で一番大切なことは、**自分たちがワクワク・ドキドキすることをはじめるのが一番です。**

！＝先生からのワインポイントアドバイスです。

Part 2

起業家《きぎょうか》になるためには どうすればいいの？

サ　キ：ねえ、起業家《きぎょうか》になるって、どうやったらいいか考《かんが》えてみましょうよ。

マサル：うん、でも、どうやったら起業家《きぎょうか》になれるの？

サ　キ：まずね、自分《じぶん》の得意《とくい》なことや興味《きょうみ》があることを考《かんが》えてみましょう。それを活《い》かしてビジネスを始《はじ》めるの。

マサル：得意《とくい》なことか…。僕《ぼく》って何《なに》が得意《とくい》だろう？

サ　キ：たとえば、君《きみ》は算数《さんすう》が得意《とくい》だし、新《あたら》しいゲームのアイデアもいっぱい出《だ》すよね。それを考《かんが》えると、どんなビジネスができそう？

マサル：ゲーム？それって、どういう風《ふう》にビジネスになるの？

サ　キ：ゲームを作《つく》って、アプリで売《う》ったり、イベントを開《ひら》いて人々《ひとびと》に楽《たの》しんでもらう方法《ほうほう》があるよ。

マサル：それって面白《おもしろ》そう！でも、どうやって始《はじ》めたらいいの？

サ　キ：そこが大事《だいじ》だよね。次の章《しょう》でアイデアを出《だ》す方法《ほうほう》を考《かんが》えてみようかな。

！

起業を考える時、もう既に同じことをやっていて、起業家として成功してるいる人がいたら、**真似をするのが一番良いです**。つまり、成功しているやり方を盗むのです。

Part 3

起業《きぎょう》するためのアイデアを出《だ》してみよう

サ　キ：さて、起業《きぎょう》するためのアイデアを考《かんが》えてみようね。

マサル：うん、でも、どうやってアイデアを出《だ》せばいいの？

サ　キ：まず、周《まわ》りにある問題《もんだい》やニーズを見《み》つけてみよう。それを解決《かいけつ》するためのアイデアがビジネスになることもあるわよ。

マサル：たとえば、どんな問題《もんだい》があるのかな？

サ　キ：たとえば、人々《ひとびと》が健康的《けんこうてき》な食事《しょくじ》を求《もと》めているけれど、手軽《てがる》に手《て》に入《はい》らないっていう問題《もんだい》があるかもしれない。そこからスナックを作《つく》るビジネスを考《かんが》えることができるね。

マサル：それって、フルーツを使《つか》ったスナックとかかな？

サ　キ：そうそう、その発想《はっそう》がいいよ！フルーツを使《つか》ったヘルシーなスナックなら人気《にんき》が出《で》るかもしれないわ。

マサル：でも、どうやって作《つく》るの？

サ　キ：それも次《つぎ》のステップ。まずはアイデアを洗練《せんれん》させて、具体的《ぐたいてき》なビジネスプランを考《かんが》えてみよう。

マサル：わかった！でも、詳《くわ》しくは先生《せんせい》に聞《き》いてみようよ。

サ　キ：そうだね、最後《さいご》は先生《せんせい》にアドバイスをもらおう。

！　確かに現代は健康ブームです。いろいろなフルーツを使った飲み物も良いですが、昔からの**松を使ったジュース販売**なども面白いと思います。昔の仙人がよく飲んでいたと言われる飲み物です。

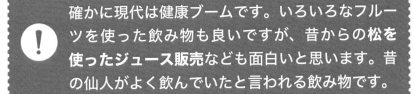

Part 4

商品《しょうひん》をつくるには どうすればいいの？

市場《いちば》や農場《のうじょう》の調査《ちょうさ》が必要《ひつよう》なんだね。
レシピや製法《せいほう》も考《かんが》えなくちゃね。

サ　キ：叔父《おじ》さんのフルーツ販売《はんばい》をやっていくには、商品《しょうひん》をどうやって作《つく》るか考《かんが》えないとね。

マサル：でも、フルーツってどうやって手《て》に入《い》れるの？

サ　キ：フルーツは市場《いちば》や農場《のうじょう》から仕入《しい》れることができるよ。でも、良《よ》いフルーツを選《えら》ぶことが大切《たいせつ》ね。

マサル：そうだね。でも、どうやって良《よ》いフルーツを見《み》つけるの？

サ　キ：これは調査《ちょうさ》が必要《ひつよう》。市場《いちば》や農場《のうじょう》を訪《おと》れて、品質《ひんしつ》や価格《かかく》を比較《ひかく》してみようかな。

マサル：それって大変《たいへん》そう。でも、頑張《がんば》って調《しら》べるしかないね！

サ　キ：そうだね。そして、商品《しょうひん》を作《つく》るためにはレシピや製法《せいほう》も考《かんが》えないといけないわ。

マサル：レシピって、どうやって考《かんが》えるの？

サ　キ：フルーツの種類《しゅるい》や組《く》み合《あ》わせを考《かんが》えて、美味《おい》しくてユニークなスイーツを作《つく》るんだ。いろいろなことを試《ため》さなくてはいけないけど、きっと楽《たの》しいって！

！ 商品を売るには商品を仕入れないといけません。利益をだすためには100円の物を100円で売ったら利益はないので、**いかに高く売れるかを工夫します。**また仕入れるときも100円の物をそのままの値段で買うのではなく、50円とか60円で仕入れられれば利益がでますよね！ だから利益を出すためには、農家さんや市場で**いかに安く仕入れられるかが大切です。**

Part 5

商品《しょうひん》をどうやって売《う》ればいいの？

いろいな宣伝《せんでん》や広告《こうこく》を考《かんが》えよう！

OPEN!
kodomokigyou
おいしい果物がたくさん！
みなさんのお越しをお待ちしています！
1138人が「いいね！」しました

サ　キ：商品《しょうひん》を作《つ》ったら、それをどうやって売《う》るかも考《かんが》えないとね。

マサル：でも、どうやって売《う》ればいいの？

サ　キ：まず、人々《ひとびと》に知《し》ってもらうために宣伝《せんでん》や広告《こうこく》を考えよう。SNS や地域《ちいき》のイベントなどが役《やく》に立《た》つよ。

マサル：それって、どうやってやるの？

サ　キ：たとえば美味《おい》しい写真《しゃしん》を撮《と》って SNS に投稿《とうこう》したり、地元《じもと》のマーケットやフェスで出店《しゅってん》してみるのよ。

マサル：でも、売《う》るだけじゃなくて、みんなに喜《よろこ》んでもらいたいな。

サ　キ：そうだね。良《よ》いサービスや笑顔《えがお》で接客《せっきゃく》することも大切《たいせつ》だわ。リピーターが増《ふ》えるかもしれないし、口《くち》コミも広《ひろ》がるしね。

マサル：やっぱり難《むずか》しいな…。

サ　キ：大丈夫《だいじょうぶ》、最初《さいしょ》は難《むずか》しいけど、試《ため》してみる価値《かち》があるんだ。わからないことは先生《せんせい》に聞《き》いてみよう。

マサル：そうだね、先生《せんせい》に聞《き》いてみよう！

！ お店を知ってもらうためには、まず宣伝しないといけないよね！ 今は **SNS（LINE、FACEBOOK、TikTok、インスタ、ツイッター）**というものがあるから便利です！ もちろんチラシを作って配ったり、口コミで宣伝してもらったり、いろいろと宣伝方法はあります。口コミしてくれた方には、おまけをしたりするのも効果的ですね。

Part 6

起業《きぎょう》すると何《なに》にお金《かね》がかかるの？

お金《かね》が足《た》りなくなったらどうするの？
計画的《けいかくてき》なお金《かね》の使《つか》い方《かた》が大切《たいせつ》なの！

サ　キ：起業《きぎょう》するためにはお金《かね》がかかることもあるのよ。

マサル：お金《かね》？どこに使《つか》うの？

サ　キ：まず、商品《ひつよう》を作《つく》るための原材料《げんざいりょう》や材料《ざいりょう》、道具《どうぐ》が必要《ひつよう》だね。それに、宣伝《せんでん》や広告《こうこく》にもお金《かね》がかかるのよ。

マサル：でも、叔父《おじ》さんのフルーツ販売《はんばい》って、たくさんお金《かね》がかかってるのかな？

サ　キ：叔父《おじ》さんがどれくらいのお金《かね》をかけていたかは分《わか》からないけど、最初《さいしょ》は小《ちい》さくはじめて少《すこ》しずつ大《おお》きくしていくこともできるわ。

マサル：お金《かね》がたりなかったらどうすればいいの？

サ　キ：そんなときは、貯金《ちょきん》や親《おや》に相談《そうだん》してみることも考《かんが》えられるし、投資家《とうしか》からお金《かね》を借《か》りることもできる。大切《たいせつ》なのは計画《けいかく》を立《た》ててお金《かね》を使《つか》うことなのね。

！

起業するには多少のお金はかかります。でも最近では**クラウドファンディング**というものもあり、熱意を伝え誰かの役に立つことだったりすると皆さんが賛同してくれてお金を集めることができたりもします。もちろん貯金や親に借りることもありですね。

Part 7

人《ひと》を雇《やと》って 仕事《しごと》を 手伝《てつだ》ってもらおう

サ　キ：起業《きぎょう》が軌道《きどう》に乗《の》ってきたら、仕事《しごと》が増《ふ》えてきたりするかもしれないわ。

マサル：でも、ボクたち二人《ふたり》じゃ大変《たいへん》だよね。人《ひと》を雇《やと》うって、どうやるの？

サ　キ：まずは、どんな仕事《しごと》を手伝《てつだ》ってもらいたいか考《かんが》えてみよう。たとえば、商品《しょうひん》を作《つく》る手伝《てつだ》いや販売《はんばい》を手伝《てつだ》う人《ひと》を探《さが》すことができるしね。

マサル：人《ひと》を雇《やと》うって、どうやってみつけるの？

サ　キ：求人広告《きゅうじんこうこく》を出《だ》したり、地域《ちいき》のコミュニティで人《ひと》を探《さが》すことができるわよ。でも、人《ひと》を雇《やと》うときは信頼《しんらい》できる人《ひと》かどうかも考《かんが》えないといけないわ。

マサル：みんなで力《ちから》を合《あ》わせて、もっと良《よ》いフルーツ販売《はんばい》ができるね！

サ　キ：そうだね。一人《ひとり》でやるよりも仲間《なかま》がいると楽《たの》しいし、仕事《しごと》も効率的《こうりつてき》に進《すす》められるのね。でも、人《ひと》を雇《やと》うときには給料《きゅうりょう》や待遇《たいぐう》も大切《たいせつ》に考《かんが》えないといけないってこと。

マサル：わかった！でも、難《むずか》しそう…。

サ　キ：大丈夫《だいじょうぶ》、考《かんが》えながら進《すす》めていけばきっとうまくいくよ。わからないことは、また先生《せんせい》に聞《き》いてみようね。

！　お店や会社を大きくするには、一人の力よりも大勢の力が大事です。人を雇うのに先ずは求人を出します。簡単にはスーパーや銀行、郵便局に求人情報を貼らせてもらったりすることも効果的です。後はハローワークや折り込みチラシですが、**あまり最初は費用をかけない方が良いです。**お友達の紹介とかも良いですね。

Part 8

会社《かいしゃ》を大《おお》きくすると いいことがあるの？

サ　キ：ねえ、起業《きぎょう》を始めることは大変《たいへん》だけど、成功《せいこう》したらうれしいこともたくさんあるのよ。

マサル：そうなの？ でも、どうして会社《かいしゃ》を大《おお》きくするといいことがあるの？

サ　キ：会社《かいしゃ》を大《おお》きくすると、もっと多《おお》くの人《ひと》に商品《しょうひん》を届《とど》けたり、収入《しゅうにゅう》を増《ふ》やしたりできるんだ。そして、仲間《なかま》を増《ふ》やして一緒《いっしょ》に成長《せいちょう》できるチャンスもあるわ。

マサル：でも、会社《かいしゃ》を大《おお》きくするって、どうやってするの？

サ　キ：まずは市場調査《しじょうちょうさ》をして、どんな商品《しょうひん》が求《もと》められているか見極《みきわ》めることが大切《たいせつ》よ。それから新《あたら》しいアイデアやサービスを考《かんが》えて、成長戦略《せいちょうせんりゃく》を練《ね》るの。

マサル：なるほど、でも、大《おお》きくするって大変《たいへん》そうだな…。

サ　キ：確《たし》かに大変《たいへん》だけど、一歩《いっぽ》ずつ着実《ちゃくじつ》に進《すす》めれば、だんだん大《おお》きくなることができる。何《なに》か分《わ》からないことがあれば、先生《せんせい》に相談《そうだん》してみよう。

！　会社を大きくすることは、メリットとデメリットがあります。メリットは会社の収入が増え、働く人たちに多くのお給料が支払うことができます。デメリットとしては社員の管理が大変になります。そして、**何を目標にするかによって会社をどこまで大きくするかを考える必要があります。**また、やっている仕事が人に喜ばれているかも大切です。

Part 9

広告宣伝《こうこくせんでん》って何《なに》をするの？どういうメリットがあるの？

たくさんの人《ひと》に、興味《きょうみ》をもってもらうことが会社《かいしゃ》の成長《せいちょう》につながるのね。

サ　キ：そうだ、商品《しょうひん》をたくさんの人《ひと》に知《し》ってもらうためには広告宣伝《こうこくせんでん》が大切《たいせつ》よね。

マサル：広告宣伝《こうこくせんでん》って、どういうことをするの？

サ　キ：広告宣伝《こうこくせんでん》は、商品《しょうひん》やサービスの良《よ》さや特徴《とくちょう》を伝《つた》える活動《かつどう》。たとえば、ポスターやチラシを作《つ》って配布《はいふ》したり、SNS で投稿《とうこう》したりすることも広告宣伝《こうこくせんでん》のひとつね。

マサル：でも、広告宣伝《こうこくせんでん》って、何《なん》のためにするの？

サ　キ：広告宣伝《こうこくせんでん》をすることで、たくさんの人《ひと》に商品《しょうひん》を知《し》ってもらえるし、興味《きょうみ》を持《も》ってもらえるかもしれないよ。そうすることで、売《う》り上《あ》げが増《ふ》えたり、会社《かいしゃ》が成長《せいちょう》したりする可能性《かのうせい》が高《たか》まるの。

マサル：やっぱり広告宣伝《こうこくせんでん》は大切《たいせつ》なんだね。

サ　キ：そうだよ。でも、どの方法《ほうほう》が一番効果的《いちばんこうかてき》かは試《ため》してみながら見《み》つけていくことも大切《たいせつ》だよ。分《わ》からないことは、先生《せんせい》に聞《き》いてみようね。

！ 宣伝はとても大切です。いかに**商品の魅力が伝わるようなもの**にしなければなりません。SNS はもちろんですが、**モニターさんにコメントを書いてもらうのも効果的です。**

Part 10

SNSって何《なに》？宣伝《せんでん》の効果《こうか》はあがるの？

SNSをうまく活用《かつよう》すれば、もっと広《ひろ》く知《し》ってもらうことができる！

Kodomo Marche
フォローする
子どもマルシェ
@kodomomarche
はじめまして！サキ（姉）とマサル（弟）で
青果店を起業しました！
たくさんの人に来てもらいたいです。
美味しい果物をたくさん紹介してきます☆
お気軽にフォローしてくださいね♪
フォロー中：305　フォロワー：535

サ　キ：商品《しょうひん》をたくさんの人《ひと》に知《し》ってもらうためには、最近《さいきん》はSNS（ソーシャル・ネットワーキング・サービス）がとても重要《じゅうよう》なのよ。

マサル：SNSって何《なん》だろう？

サ　キ：SNSはインターネット上《じょう》で人々《ひとびと》がコミュニケーションを取《と》るための場所《ばしょ》だよ。たとえば、Facebook《フェイスブック》やInstagram《インスタグラム》、X《エックス》などがあるんだ。

マサル：でも、それってどうやって宣伝《せんでん》に使《つか》うの？

サ　キ：自分《じぶん》たちの商品《しょうひん》やビジネスに関《かん》する情報《じょうほう》を投稿《とうこう》して、多《おお》くの人《ひと》に見《み》てもらうんだ。写真《しゃしん》や動画《どうが》を使《つか》って魅力的《みりょくてき》に紹介《しょうかい》することで、たくさんの人《ひと》に興味《きょうみ》を持《も》ってもらえるよ。

マサル：それで、宣伝《せんでん》の効果《こうか》があがるの？

サ　キ：そうよ。SNSをうまく活用《かつよう》すれば、広《ひろ》い範囲《はんい》の人々《ひとびと》に届《とど》けることができて、注目《ちゅうもく》を浴《あ》びることもできる。でも、どのSNSを使《つか》うかや、どんな内容《ないよう》を投稿《とうこう》するかが大切《たいせつ》なポイントなのね。

！ SNSは現代ではTVや新聞よりも効果的だと言われています。**有名なインスタグラマー**さんに商品サンプルを渡して、宣伝してもらったりすることも良い方法ですね。

Part 11

商品《しょうひん》の魅力《みりょく》を伝《つ》える動画《どうが》をつくれるのか

動画《どうが》はとっても効果《こうか》のある宣伝方法《せんでんほうほう》なのです。

サ　キ：商品《しょうひん》をSNSで宣伝《せんでん》する方法《ほうほう》として、動画《どうが》がとても効果的《こうかてき》だって！

マサル：動画《どうが》って、どうやって作《つく》るの？

サ　キ：スマートフォンやカメラを使《つか》って、商品《しょうひん》の特徴《とくちょう》や使《つか》い方《かた》を撮影《さつえい》してみるのよ。

マサル：でも、ボクたちって動画《どうが》を作《つく》るの初《はじ》めてだよね。

サ　キ：大丈夫《だいじょうぶ》、最初《さいしょ》は簡単《かんたん》なものから始《はじ》めればいいのよ。クリエイティブなアイデアを取《と》り入《い》れて、楽《たの》しみながら作《つく》ることが大切《たいせつ》！

マサル：それで、どうやって動画《どうが》をSNSにのせるの？

サ　キ：動画《どうが》を編集《へんしゅう》して、Instagram《インスタグラム》やTikTok《ティックトック》にアップロードすることができるよ。それを見《み》て興味《きょうみ》を持《も》った人々《ひとびと》が、商品《しょうひん》に関心《かんしん》を持《も》ってくれるかもしれないわ。

マサル：なるほど、面白《おもしろ》い動画《どうが》を作《つく》ってみたいな！

サ　キ：頑張《がんば》ろう！分《わ》からないことがあれば、先生《せんせい》に聞《き》いてみようね。

！ 動画は効果的と言われています。Tik TokやYouTubeに自分たちのスマホやカメラで撮った動画をあげたりするのは効果的です。しかし、**視聴者の興味をそそるような効果のある動画を作らないといけないです。**

Part 12

目標《もくひょう》を設定《せってい》するってどういうことなの？

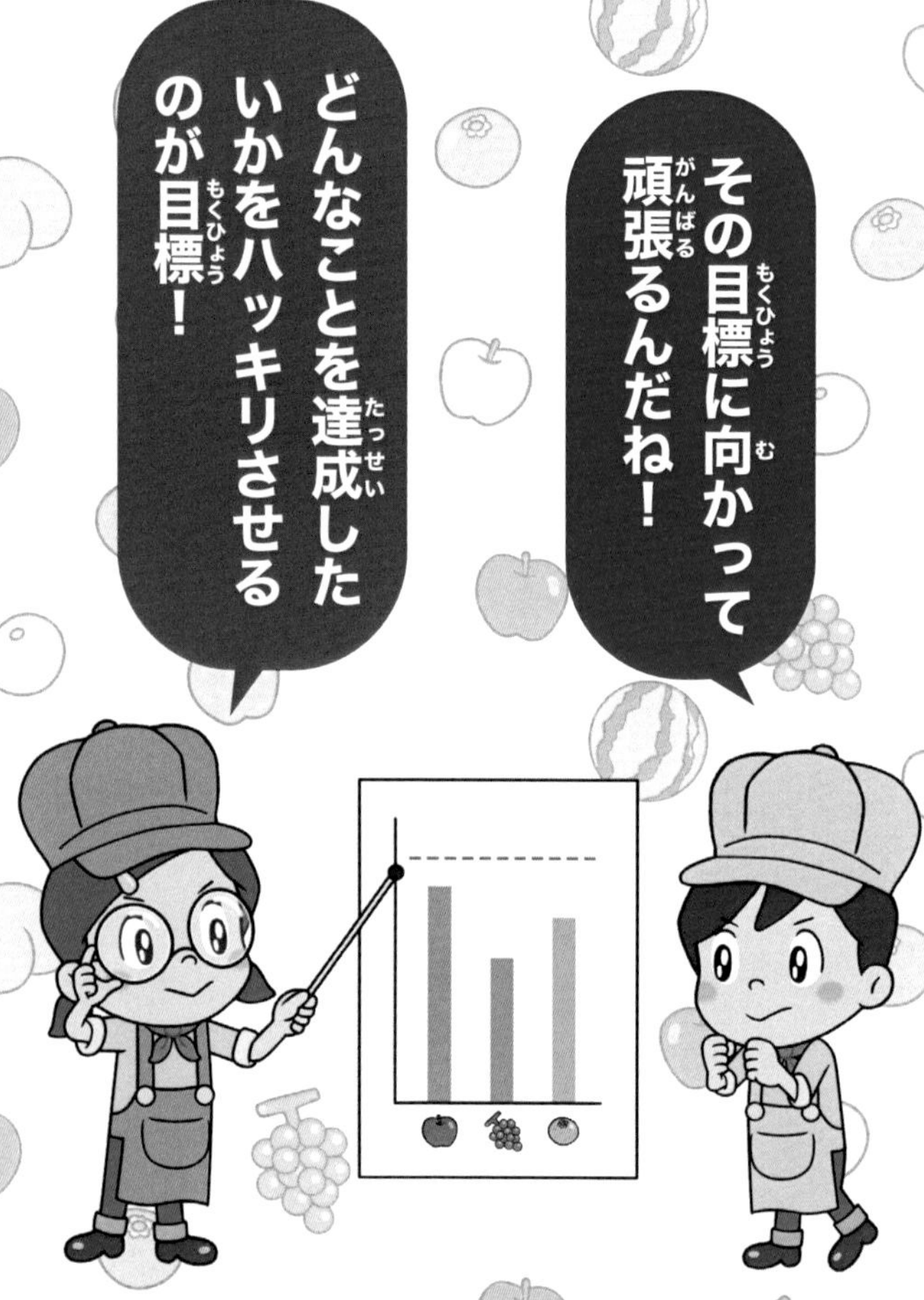

！　最後に目標設定です。期間を決めてまずは無理のない範囲の数字設定をします。そして「3ヶ月で○○○円達成した」というように達成した目標を記入し、壁に貼っておきます。その目標が達成できたら次の目標を立てます。このように**自分がワクワク・ドキドキできるように目標をたてることが一番です。**

サ　キ：起業《きぎょう》するためには、目標《もくひょう》を設定《せってい》することが大切《たいせつ》らしいわ。

マサル：目標《もくひょう》って何《なに》？

サ　キ：目標《もくひょう》とは、将来《しょうらい》どんなことを達成《たっせい》したいかを明確《めいかく》にすることなんだ。たとえば、私《わたし》たちの場合《ばあい》、どれくらいのフルーツを売《う》りたいか、いくらの収益《しゅうえき》を得《え》たいかなどが目標《もくひょう》になるの。

マサル：でも、それってどうやって決《き》めるの？

サ　キ：まず、具体的《ぐたいてき》で現実的《げんじつてき》な目標《もくひょう》を立《た》てることが大事《だいじ》。それから、それを達成《たっせい》するためにどんなステップが必要《ひつよう》か考《かんが》えてみる。たとえば、どれくらいの期間《きかん》で達成《たっせい》したいか、どんな努力《どりょく》が必要《ひつよう》かなどを考《かんが》えるのよ。

マサル：でも、目標《もくひょう》って達成《たっせい》するのが難《むずか》しそうだよ。

サ　キ：確《たし》かに、目標《もくひょう》を達成《たっせい》するのは簡単《かんたん》じゃないこともあるけど、目標《もくひょう》を持《も》つことでやる気《き》や方向性《ほうこうせい》が生《う》まれるのよ。失敗《しっぱい》しても、次《つぎ》に向《む》けて努力《どりょく》することができるわ。

マサル：それで、どうやって目標《もくひょう》を達成《たっせい》するの？

サ　キ：目標《もくひょう》を達成《たっせい》するためには、計画《けいかく》を立《た》てて行動《こうどう》することが大切《たいせつ》ね。たとえば、売《う》り上《あ》げを増《ふ》やすためにどんな広告《こうこく》を打《う》つか、どのように商品《しょうひん》を改良《かいりょう》するかなどを考《かんが》えて、具体的《ぐたいてき》な行動《こうどう》を起《お》こすの。

マサル：なるほど！ 目標《もくひょう》を設定《せってい》して、それに向《む》かって頑張《がんば》るんだね。

サ　キ：そうよ。目標《もくひょう》を持《も》って行動《こうどう》することで、私《わたし》たちのビジネスも成長《せいちょう》していけるんだ。でも分《わ》からないことがあれば、先生《せんせい》に聞《き》いてみようね。

解説
第1章

起業って何だろう

■起業をする意味と学生・サラリーマンの起業の意義

起業とは、新しい事業を始めることを指します。一般的に起業する場合、自分のアイデアやビジョンに基づいて事業を立ち上げ、商品やサービスを提供します。これによって、独自のビジネスモデルを築き、利益を上げることを目指します。起業は、自己実現や独立、責任を持って仕事を進めることへの欲求を満たす手段として捉えられます。

学生やサラリーマンが起業する意義は多岐にわたります。学生は、起業することで新たなアイデアや技術を市場に提供し、社会への貢献を果たす機会が生まれます。また、起業によって自己成長やリーダーシップ能力の向上も期待されます。

一方、サラリーマンは、起業することで自分のビジョンを実現し、独立した経済的基盤を築くことが可能です。起業によって新たなチャレンジや報酬を求めることで、仕事に対するモチベーションが高まります。

解説
第２章

起業家になるためにはどうすればいいの？

■起業家になるための手順

起業家になるためには、以下のステップを考慮することが重要です。

❶アイデアの構築

独自のアイデアを見つけ、それをビジネスコンセプトに落とし込み、市場のニーズやトレンドを分析し、競合他社との差別化ポイントを考えることが重要です。

❷ビジネスプランの作成

事業計画書を作成し、「ビジョン」「目標」「戦略」「財務プロジェクション」などを明確に記述します。ビジネスプランは投資家やパートナーを引きつけるための大切な要素です。

❸資金調達

資金を確保するために、個人資金、友人や家族からの投資、銀行融資、投資家からの資金調達などを検討します。資金は事業を運営し成長させるために不可欠です。

❹法的手続きとビジネス構造

法的な手続きを遵守し、適切なビジネス形態（法人、個人事業主など）を選択します。地域の法律や規制に従って進めることが重要です。

❺マーケティングと販売

商品やサービスのブランディング、マーケティング戦略、販売チャネルの確立を行います。そして顧客を引きつけ、売上を増やすための販売努力も大切です。

❻リスク管理と成長

リスクを最小化するために計画的なリスク管理策を構築し、ビジネスを持続的に成長させるための戦略を立てることもとても重要です。

■資金のない学生やサラリーマンの起業

お金が限られている状況でも、起業は可能ですが、注意が必要です。以下は資金が限られている人が起業する際のアイデアとアプローチです。

❶リーンスタートアップ

最小限の資金でスタートし、効率的な運営を心がける方法です。必要最低限のリソースでプロトタイプを開発し、市場フィードバックを得てから拡大することを目指します。

❷スキルを活用したサービス提供

持っているスキルや専門知識を活かして、フリーランスやコンサルタントとしてサービスを提供することが考えられます。低コストで始められる方法です。

❸クラウドファンディング

アイデアを持っている場合、クラウドファンディングプラットフォームを活用して資金を調達することができます。支援者からの資金提供によって事業を始めることができます。

❹パートナーシップや共同創業

資金力のある人と提携して共同でビジネスを進めることも考えられます。

解説
第3章

起業するためのアイデアを出してみよう

■アイデアの創出と業種選択について

起業する際、どの業種にするかや、どの商品・サービスを提供するかを決めることは重要なステップです。以下はアイデアの創出と業種選択に関するアプローチです。

❶パーソナルインスピレーション

自身の趣味や関心、専門知識を活かしてビジネスアイデアを考えることができます。自分の得意分野や情熱を基に、新しい視点で市場を分析しましょう。

❷問題解決

市場や社会に存在する問題を特定し、それに対する解決策を提供するビジネスを構築する方法です。顧客のニーズや不満を理解し、それを解消するアイデアを追求します。

❸トレンドの分析

市場のトレンドや新興技術を追跡し、将来的に需要が高まりそうな分野にフォーカスすることで、競争力のあるビジネスアイデアを見つけることができます。

❹マーケットリサーチ

競合他社や同業他社の動向を調査し、顧客の意見や要望を収集することで、市場の空白や改善点を見つけ出し、それに基づいてアイデアを練ることができます。

❺アイデアの組み合わせ

異なる業種やアイデアを組み合わせて独自のコンセプトを生み出す方法もあります。クリエイティブな発想と多角的な視点が求められます。

解説 第４章

商品をつくるにはどうすればいいの？

■成功するための要素と商品選び・商品づくり・サービス提供

成功するためには、選んだ商品やサービスが市場に適切に受け入れられることが重要です。以下はそれぞれの場合における成功要因です。

《商品選び》

❶ニーズの特定

市場の需要や顧客のニーズを明確に把握し、それに対応する商品を選びます。需要の高い領域で競合が少ない商品を選ぶことが有利です。

❷競争力の分析

選んだ商品の競合状況を調査し、他社との差別化ポイントや競争力を考慮します。独自の価値を提供することが重要です。

❸質とブランド

商品の品質や信頼性を保証し、ブランド価値を築くことで顧客の信頼を獲得します。顧客の満足度を高めるために努力します。

《商品づくり》

❶設計と開発

商品のデザインや機能を研究し、顧客にとって魅力的な要素を盛り込むことが大切です。ユーザビリティや利便性を考慮します。

❷品質管理

一貫した品質を保つためのプロセスと品質管理体制を確立し、商品の欠陥や問題を最小限に抑えます。

❸テストと改善

商品を顧客に提供する前に試作やテストを行い、フィードバックを収集して改良を行います。顧客の意見を取り入れることで、満足度を向上させます。

《サービス提供》

❶顧客体験

顧客の期待を超える良い体験を提供することで、顧客満足度を高めます。迅速な対応や問題解決能力が求められます。

❷価値提供

顧客が抱える課題やニーズに焦点を当て、それに対する解決策を提供することで顧客との信頼関係を築きます。

❸コミュニケーション

顧客とのコミュニケーションを大切にし、フィードバックを受け入れてサービスの改善を行うことも重要です。

成功するためには、市場の理解、顧客のニーズへの適切な対応、品質の維持などが不可欠です。また、継続的な改善とイノベーションも成功要因の一つです。

解説
第5章

商品をどうやって売ればいいの？

■商品の売上を確保する方法

商品が完成したり仕入れたりしたら、次はその商品を売る方法を考える必要があります。以下は基本的な方法です。

❶販売チャネルの選択

商品を売るためのプラットフォームやチャネルを選びます。店舗販売、オンラインストア、マーケットプレイス（Amazon や eBay など）、卸売業者への卸売などが考えられます。 eBay ＝日本の商品がとても良く売れている世界一のグローバル EC モール

❷価格設定

商品の価格を適切に設定します。製造コスト、競合価格、顧客の支払意向などを考慮して価格を決めましょう。

❸販売プロモーション

宣伝や広告を活用して商品を知らせ、顧客に興味を持ってもらうための活動を行います。これによって顧客が商品を購入しやすくなります。

❹ディストリビューションとロジスティクス

商品を顧客に届けるための物流戦略を構築します。効率的な在庫管理や発送プロセスを確立しましょう。

❺カスタマーサポート

購入後の顧客サポートを提供し、問題解決や質問に迅速に対応します。良好な顧客関係を築くことが大切です。

解説
第6章

起業すると何にお金がかかるの？

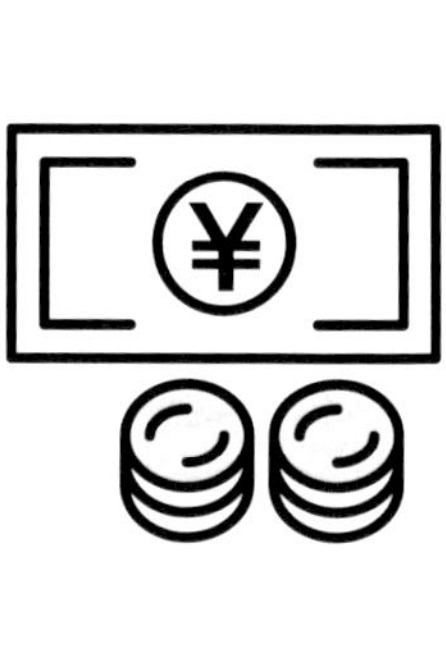

■ビジネス成功のための資金調達とお金の作り方

起業してビジネスを成功させるためには、さまざまな費用がかかります。以下に主な項目と資金調達方法を示します。

❶事業運営費用

従業員の給与、事務所家賃、光熱費などの日常的な経費が含まれます。これらの費用は収益を上げるまでの期間に支払う必要があります。

❷生産・仕入れコスト

商品の生産や仕入れにかかる費用です。原材料、製造装置、人件費などが含まれます。

❸マーケティング・広告費用

商品やサービスを宣伝し、顧客に知ってもらうための費用です。広告、プロモーション、マーケティングキャンペーンなどが該当します。

❹研究開発費用

新しい商品や技術の開発にかかる費用です。研究、設計、テストなどが含まれます。

❺資本投資

設備や施設の購入、改修などの長期的な投資費用です。

❻法的・規制関連費用

特許申請やライセンス取得、法的手続きに関連する費用が含まれます。

《資金調達方法》

❶自己資金

個人の貯蓄や資産を活用して資金を調達する方法です。リスクは高いですが、自己資金がある程度あれば事業の支配権を保持しやすいです。

❷友人や家族からの資金

身近な人々から資金を借りるか、出資を受ける方法です。注意深く取り組む必要があります。

❸銀行融資

銀行から融資を受ける方法です。信用スコアや事業計画が影響を与えます。

❹投資家からの資金調達

エンジェル投資家（創業間もない企業に対し資金を供給する富裕な個人投資家）やベンチャーキャピタルから資金を調達する方法です。投資家との契約条件やエクイティ（株主資本）の割合に注意が必要です。

❺クラウドファンディング

オンラインのクラウドファンディングプラットフォームを活用して多くの人々から資金を集める方法です。

❻ビジネスローン

金融機関からの特別なビジネスローンを利用する方法です。返済計画と利子率を検討して選びましょう。

《お金を作る方法》

❶売上増加

効果的なマーケティング戦略や販売促進活動を通じて売上を増やすことが収益向上につながります。

❷新商品開発

需要が高い新しい商品やサービスを開発して市場に導入し、収益を増やすことができます。

❸顧客拡大

新たな顧客を獲得し、顧客基盤を拡大することで売上を増やすことができます。

❹効率化と削減

コストを削減し、効率を高めることで収益を向上させることができます。

解説
第７章

人を雇って仕事を手伝ってもらおう

■人を雇う際の募集方法と注意点

人を雇う際には適切な募集方法と法的な注意点を把握しておくことが重要です。

《募集方法》

❶求人広告

求人情報を掲載することで、多くの候補者にアプローチできます。新聞、ウェブサイト、求人サイト、SNSなどを活用して広告を出稿しましょう。

❷人材紹介会社

人材紹介会社を利用することで、専門知識を持つプロが適切な候補者を提案してくれる場合があります。

❸内部募集

既存の従業員の中から昇進や異動の機会を提供し、内部から人材を育成する方法です。

《注意点》

❶労働契約

労働契約書を作成し、従業員との関係を明確にします。雇用条件、給与、勤務時間などを含めた内容を詳細に記載します。

❷源泉徴収

従業員の給与から源泉徴収税を差し引いて納付する必要があります。税務署との適切な連絡を保ちましょう。

❸社会保険

従業員が所属すべき社会保険や労災保険に加入させることが法的義務です。

❹労働基準法

労働基準法に基づいた労働条件を提供し、労働時間、休暇、残業などの規定を守ることが大切です。

❺セクシュアルハラスメント対策

職場でのセクシュアルハラスメントを防ぐための対策を講じることが重要です。

❻プライバシー保護

従業員の個人情報を適切に管理し、プライバシー保護を徹底することが必要です。

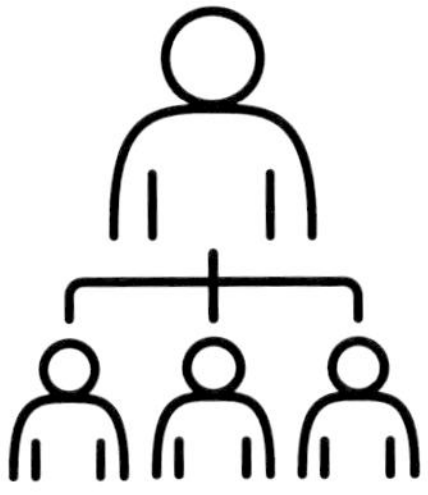

解説
第8章

会社を大きくするといいことがあるの？

■会社を大きくするメリットと成長戦略

会社を大きくすることは、多くのメリットがあります。

❶収益の増加

大きな会社は規模が大きいため、多くの収益を上げる機会があります。より多くの商品やサービスを提供し、多様な顧客にアプローチできます。

❷市場シェアの拡大

大きな会社は市場での存在感が高まり、競合他社に対して強い競争力を持つことができます。

❸ブランド価値の向上

大きな会社はブランドの認知度が高まり、信頼性や信用が向上します。これによって顧客からの支持を受けやすくなります。

❹成長の機会

大きな会社は新しい市場や地域への進出、新商品の開発など、成長の機会が多く存在します。

《成長戦略》

❶市場拡大

新たな地域や顧客層に進出し、市場を広げることで収益を増やします。マーケットリサーチと競合分析を行い、適切な展開戦略を立てましょう。

❷新商品開発

既存の顧客に新たな価値を提供するために新商品やサービスを開発します。顧客のニーズを把握し、競争力のある製品を提供しましょう。

❸戦略的提携

業界内や異業種との提携を通じてシナジーを生み出し、成長を加速させることができます。

❹人材の育成

従業員のスキルアップやリーダーシップの強化を図り、組織全体の能力を向上させましょう。

成長した会社の例としては、Amazon や Apple のような巨大企業があげられます。これらの企業は市場をリードし、顧客に革新的な商品やサービスを提供することで成長を遂げました。成功するためには市場の変化に敏感であり、顧客のニーズに柔軟に対応する能力が不可欠です。

解説 第9章 広告宣伝って何をするの？ どういうメリットがあるの？

■広告宣伝の意義と効果的な方法

広告宣伝は、自分のビジネスや商品を広く知らせるための重要な手段です。効果的な広告宣伝は、顧客に商品の存在を知らせ、購買意欲を高めることができます。

《広告宣伝の意義》

❶知名度の向上

広告宣伝を通じて、自社や商品の知名度を高めることができます。ブランドを構築し、競合他社から差別化を図ることができます。

❷ターゲット層にアプローチ

特定のターゲット層に向けてメッセージを発信し、需要のある顧客を引き付けることができます。

❸売上の増加

広告によって顧客の興味を引き、購買につながる可能性が高まります。これによって売上を増やすことができます。

❹新規顧客獲得

広告を通じて新たな顧客を獲得することができます。広告を見て興味を持った顧客が商品を試してみる機会を提供できます。

《効果的な宣伝方法と頼むべき人物》

❶ウェブサイトとSEO

自社ウェブサイトを作成し、検索エンジン最適化（SEO）を行うことで、検索結果での表示を向上させることができます。SEOエキスパートやウェブデザイナーに相談してください。

❷オンライン広告

Google広告やFacebook広告などのオンライン広告プラットフォームを活用して、ターゲット層にリーチすることができます。デジタルマーケティング専門家にアドバイスを求めましょう。

❸テレビ・ラジオ広告

大手メディアを活用して広告を流すことで、広範な視聴者にアプローチできます。広告代理店を通じてプロフェッショナルな広告キャンペーンを検討してください。

❹イベント・展示会

業界関連のイベントや展示会に出展することで、直接顧客と接触し商品を紹介できます。イベントプランナーやマーケティングチームに相談してください。

❺プレスリリース

新製品や特別なニュースをプレスリリースとして発信し、メディアの注目を集めることができます。PRエージェントに助言を求めることも考えてください。

❻クチコミマーケティング

既存顧客からの口コミを活用して、信頼性を高めることができます。クチコミを促進する仕組みを導入しましょう。

解説
第 10 章

SNSって何？宣伝の効果はあがるの？

■SNSでの効果的な宣伝方法

ＳＮＳを活用した宣伝は、効果的なブランドプロモーションや顧客の関与を促進する方法です。以下に各ＳＮＳプラットフォームごとの方法を説明します。

❶ Facebook

・ページ作成：ビジネス専用の Facebook ページを作成しましょう。詳細な情報や商品の写真を掲載します。
・コンテンツ投稿：レギュラーに投稿を行い、商品の特徴や利点、お得な情報を共有します。
・ターゲット広告：Facebook 広告を利用して、特定の地域や興味を持つユーザーに広告を表示します。

❷ Instagram

・ビジュアルコンテンツ：魅力的な写真や動画を投稿して、商品の魅力をアピールします。

・ハッシュタグ活用：関連するハッシュタグを使って投稿することで、多くのユーザーにリーチできます。

・インフルエンサー協力：インフルエンサーに商品を紹介してもらい、そのフォロワーに商品を知ってもらうことができます。

❸ X（旧 Twitter）

・短いメッセージ：キャッチーなキャプションや短いメッセージを使って、商品を宣伝します。

・リツイートとシェア：ユーザーがあなたのツイートをリツイートやシェアすることで、情報が拡散されます。

❹ YouTube

YouTubeは動画コンテンツを共有するためのプラットフォームです。商品を宣伝するには、魅力的なビデオコンテンツを作成し、視聴者に商品の魅力を伝えることが重要です。具体的な方法として以下の点に注意してください。

・専用チャンネルの作成：商品に関連するコンテンツを一つのチャンネルにまとめて公開します。
・プロフェッショナルなビデオ：高品質なビデオ制作を心掛け、商品の特徴や使い方をわかりやすく紹介します。
・ストーリーテリング：商品の背後にあるストーリーや価値観を伝えることで、視聴者の共感を引き出します。
・カスタマーアクション：購買を促すために、ビデオ内で特別なプロモーションやリンクを提供します。

❺ TikTok

TikTok は短い動画コンテンツを共有するためのプラットフォームで、特に若い世代に人気があります。商品を宣伝する際のポイントは以下の通りです。

・クリエイティビティ：魅力的で面白い短い動画を作成し、商品のユニークな側面を強調します。
・挑戦やトレンドに参加：プラットフォーム上のトレンドに合わせたコンテンツ

を制作して、視聴者の興味を引きます。

・ハッシュタグの活用：関連するハッシュタグを使用して、より多くの人々にコンテンツを見てもらえるようにします。

・コール・トゥ・アクション：購買や詳細情報の提供を促すためのコール・トゥ・アクションをビデオ内で行います。

❻LINE

LINE は主にメッセージングアプリとして使用されるプラットフォームですが、ビジネスアカウントを通じて商品の宣伝も行えます。以下は LINE を活用した宣伝の方法です。

・友達追加キャンペーン：友達追加を促進するキャンペーンを実施し、特典を提供することで多くのユーザーにアプローチします。

・オートリプライ：メッセージを送ると自動的に返信する機能を活用して、商品や特典の情報を提供します。

・クーポン配布：クーポンや割引情報を LINE 上で配布し、購買を促進します。

・限定コンテンツ：LINE 限定の情報やコンテンツを提供することで、ユーザーの興味を引きます。

それぞれのプラットフォームは特性が異なるため、ターゲットオーディエンスや商品に合った戦略を選ぶことが重要です。また、コンテンツの質と継続的な更新も成功のカギとなります。

解説
第 11 章

商品の魅力を伝える動画をつくれるのか

■動画制作の準備、撮影の注意点、アピール方法、長さ別の注意点

広告宣伝は、自分のビジネスや商品を広く知らせるための重要な手段です。効果的な広告宣伝は、顧客に商品の存在を知らせ、購買意欲を高めることができます。

《準備》

❶目的設定

動画の目的を明確にしましょう。商品の紹介、問題の解決、顧客のニーズへの対応など具体的な目的を定めます。

❷ターゲット層

誰に向けて作成するかを考え、そのターゲット層の興味や好みに合わせたコンテンツを検討します。

❸ストーリーボード

内容や流れを計画するためにストーリーボードを作成します。

❹撮影設備

高品質なカメラ、マイク、照明などの撮影機材を用意します。

《撮影の注意点》

❶明るさと照明

明るい環境で撮影し、均一な照明を確保して質の高い映像を得ます。

❷音質

音声は重要です。外部マイクを使ってクリアな音声を確保しましょう。

❸映像 esthetics

映像の美しさにも注意を払い、バランスの取れた構図や映像効果を使います。

❹ナレーション／説明

商品やサービスの特徴や利点をわかりやすく説明するナレーションを検討します。

《アピール方法》

❶ストーリーテリング

商品やサービスの背後にあるストーリーや価値を伝えるストーリーテリングを活用します。

❷顧客の声

実際の顧客の声や体験談を取り入れて信頼性を高めます。

❸デモンストレーション

商品の使い方や機能を実際にデモンストレーションして具体的な利点を伝えます。

《動画の長さ別の注意点》

❶30秒

短い時間で効果的なメッセージを伝えることが重要です。最も重要なポイントに焦点を当てましょう。

❷1分

メッセージを詳細に伝えつつ、興味を引く要素を盛り込みましょう。

❸10分

商品やサービスの詳細な紹介や説明を行う際に適しています。視聴者の興味を引き続ける内容を用意しましょう。

❹30分以上

長い動画では、コンテンツが飽きないように、魅力的なストーリー展開やバラエティ豊かな情報を提供することが重要です。

解説 第12章

目標を設定するってどういうことなの？

起業した先の目標に対する適切な応答は、あなたのビジョンや使命を明確に伝えることが重要です。以下のアプローチを試してみてください。

❶ビジョンの共有

「私の目標は、顧客に革新的な商品やサービスを提供し、彼らの生活をより良くすることです」

❷社会的な使命

「私の目標は、地域社会の発展に貢献し、雇用機会を創出することです」

❸市場の変革

「私の目標は、既存の市場に革命をもたらし、新しい価値を創造することです」

❹個人的な成長

「私の目標は、自分自身を挑戦し成長することで、ビジネスを通じて自己実現を果たすことです」

❺環境への貢献

「私の目標は、環境に配慮した商品やサービスを提供し、地球環境への貢献をすることです」

重要なのは、自身のビジョンや目標に真摯に向き合い、自信をもって表現すること。

これによって質問者に対して確かな信頼感を与えることができます。

解説
第13章

今やっていることをもっと良くするには？

起業家としてビジネスを進める中で、多くの方が直面する問題の一つが「今やっていることをもっと良くするには？」という疑問です。これには多角的なアプローチが求められます。以下に、具体的な手法や考慮点を挙げてみましょう。

❶お客様の声を聞く

仕入れや商品の質に関する疑問が生じた場合、まず最初に取り組むべきはお客様の声を直接聞くことです。アンケートやインタビューを実施し、顧客のニーズや不満点を明確にしましょう。それを基に改善ポイントを洗い出すことができます。

❷競合分析を行う

同じ業界の競合他社の動向をチェックすることで、新しいアイディアや取り組み方を学ぶことができます。また、自社との差別化ポイントも明確になります。

❸商品・サービスの拡充

市場のニーズやトレンドに応じて、新しい商品やサービスを導入することで、ビジネスの幅を広げることができます。また、既存の商品のバリエーションを増やすことも考えられます。

❹マーケティング戦略の再検討

お客様の伸びが止まっている場合、ターゲット層や広告の手法、予算配分など、マーケティング戦略全体を見直すことが求められます。特にデジタルマーケティングの領域は日々変化しているため、常に最新の動向にキャッチアップすることが大切です。

❺経営指標の見直し

ビジネスの健全性を保つため、売上だけでなく、利益率や顧客満足度、リピート率などの指標も定期的にチェックすることが重要です。

❻コストの最適化

仕入れコストの見直しや効率的な業務運営を模索することで、利益を最大化することができます。

❼外部の意見を取り入れる

ビジネスコンサルタントや業界のエキスパートの意見を求めることで、新しい視点や具体的なアドバイスを得ることができます。

❽スタッフ教育の充実

社内のスタッフが自社のビジョンや方針をしっかりと理解し、顧客とのコミュニケーションや商品知識などを高めることで、ビジネス全体の質を向上させることが期待できます。

ビジネスには常に変動が伴います。そのため、柔軟な思考と行動、そして継続的な学びが不可欠です。上記の手法を取り入れつつ、常に自社のビジネスを客観的に評価し、必要なアクションを迅速に取ることが成功への鍵となります。

解説
第14章

起業家として成功するには？

起業家として成功するためには、単なるビジネスの知識や技術だけでなく、特有のマインドセットや継続的な取り組みが求められます。以下に、成功する起業家として忘れてはならないポイントを重要度の高いものから述べていきます。

❶情熱とビジョン

成功する起業家の共通点は、自らのビジネスに対する強い情熱と明確なビジョンを持っていることです。これらは、困難な時期を乗り越える原動力となり、スタッフや取引先を引き寄せ、共に成長していくための基盤となります。

❷柔軟性

市場は常に変わり、計画通りに進まないことも多々あります。そのため、変化を受け入れ、迅速に適応し、新しい方向性を見つける柔軟性が必要です。

❸学び続ける姿勢

テクノロジーや市場トレンドは日々進化します。成功する起業家は、常に新しい情報や知識を取り入れ、自らをアップデートし続ける姿勢を持っています。

❹リスク管理

冒険心は必要ですが、全てを賭けるようなリスクは避けるべきです。事前のリサーチ、適切なリスク管理、そして最悪のシナリオに備えることで持続可能なビジネスを築くことができます。

❺人間関係の構築

ビジネスは一人で行うものではありません。信頼できるパートナーやメンター、チームの存在は非常に重要です。そして、それらの関係性を築き、維持することで、ビジネスはより強固なものとなります。

❻財務管理の徹底

数々の成功例や失敗例を見ても、財務管理の重要性は変わりません。資金繰りを常に意識し、適切な投資と節約を行うことで、ビジネスの持続性を保つことができます。

❼健康を大切にする

身体や精神の健康を維持することは、長期間にわたるビジネス運営のために絶対的に必要です。常に自分自身の状態をチェックし、必要に応じて休息やリフレッシュを取り入れることで、最高のパフォーマンスを維持し続けることができます。

起業家としての成功は、継続的な努力と上記の要点を意識し続けることによって築かれます。一度の失敗や困難に打ちのめされることなく、目的に向かって前進し続けることが、真の成功への鍵となります。

解説
第15章
私たちにもできる！ 成功する起業家の秘訣

「私たちにもできる！成功する起業家の秘訣」をテーマに、成功してきた起業家の特徴や信条、タイプを挙げ、その秘訣を見てみましょう。

❶失敗を恐れない姿勢

成功する起業家は失敗を経験ととらえ、それを成長の糧とする。失敗は避けて通れないが、それをどう捉えるかが重要。

❷明確な自己認識

自分の強み、弱み、情熱を持っている分野を明確に理解している。この自己認識に基づいて、ビジネスを展開する。

❸継続的なアクション

起業家としての情熱やビジョンだけでなく、それを実現するための具体的なアクションを継続的に取り続ける。

❹メンターシップの価値の理解

自分一人で全てを知っているわけではない。他者の知識や経験を学ぶために、適切なメンターを見つけ、そのアドバイスを積極的に取り入れる。

❺長期的なビジョンの持続

短期的な利益よりも、長期的なビジョンや目標を持ち続ける。そのためには、時々自分のビジネスやビジョンを見直し、調整する。

❻オープンマインド

新しいアイディアや技術、変化に対してオープンであり、それをビジネスに取り入れる柔軟性を持つ。

❼チームビルディングの能力

自分一人の力だけでビジネスを成長させることは難しい。良いチームを形成し、それぞれのスキルや知識を最大限に活用する。

❽感謝の心

スタッフ、顧客、取引先など、ビジネスを支えてくれるすべての人々に対して、感謝の気持ちを持ち続ける。

❾時間管理のスキル

限られた時間の中で、何に重点を置き、どのタスクを先にこなすかという時間管理のスキルを養う。

❿リーダーシップの発揮

ビジョンや目標を明確に伝え、チームを引っ張っていけるリーダーシップを持つ。同時に、リーダーシップは指示するだけでなく、リスニングのスキルも重要と理解している。

成功する起業家たちの多くが、これらの秘訣や特徴を持ち合わせています。ただし、一つ一つを完璧に実践するのは難しいかもしれませんが、これらの要点を意識し、少しずつ取り入れることで、自分自身のビジネスやリーダーシップを成長させることができるでしょう。

解説
第16章

次は何をする？ゴールを目指して

起業した事業が黒字となり、初の成功を収めた後、多くの起業家が「次は何をする？」という疑問に直面します。以下、フルーツ販売という事業が成功したという例を基に、3つの異なる展開のシナリオでの対応を解説します。

❶同じ事業を大々的に展開

成功したフルーツ販売事業をさらに拡大する場合、以下のステップが考えられます。

□市場調査：現在の店舗の位置やデモグラフィックデータを基に、新しい店舗の場所やターゲットを特定します。

□ブランド強化：成功した要因を活かして、ブランドイメージやストーリーを強化し、消費者との関係を深化させます。

□キャピタルの確保：拡大には資金が必要です。外部投資や融資を検討し、事業拡大の計画を明確に伝える。

❷飲食物を売るという共通点で別の商品へ進出

フルーツ販売とは異なるが、飲食物に関連する新しい事業（例：飲み物販売）に進出する場合のステップです。

□補完性の確認：新しい商品が現在の商品ラインと補完的な関係にあるかを確認します。フルーツジュースやスムージーはフルーツと関連が深いため、顧客の受け入れやすさも高まる。

□新たな供給網の確立：新しい商品のための供給元や生産ラインを構築し、品質を維持するためのプロセスを確立します。

□マーケティング戦略の策定：新商品の売り出し方やプロモーションを計画し、既存の顧客ベースを活用する。

❸まったく異なるジャンルへの進出

新たなジャンル、例えば中古自転車販売などへの展開を考える場合のアプローチです。

□新市場へのリサーチ：未知の市場に進出する際は、深い市場調査やリサーチが不可欠です。競合の状況、ターゲットの特性、市場の成熟度などを詳細に分析します。

□リスクの評価：新しい市場への投資は、高いリスクを伴う場合があります。十分なリスク評価と対策を立てることが重要です。

□ブランドの再構築：既存のブランドイメージをそのまま適用することは難しいため、新しいジャンルに合わせてブランドイメージを再構築する。

いずれのシナリオでも、新しいステージへの挑戦はリスクを伴います。しかし、十分な準備と綿密な計画を持って進めば、新たな市場やジャンルでの成功も夢ではありません。

おわりに

私は幼いときから起業家で事業家の祖父母のところに、ちょくちょく預けられていました。そこで祖父の商才のある仕事やお金のやりとりを自然と見て覚えていました。そして、実際に自分自身が起業した際に、その記憶や体験がとても役に立っていたことに気づきました。

このことから、やはり、「幼い頃からお金や仕事の仕組みを学ぶことはとても大切だ」と実感し、起業をテーマにした本書を作成しようと思ったのです。

私自身は一人っ子で育ったのですが、両親は、それぞれ兄弟が多く、従兄弟が総勢21人もいる家族環境でした。でも、その中で0から起業をしたのは私のみです。それも幼いときから祖父の近くにいたことが今日に至っていると感謝しています。

私が起業したマザーグースも2024年2月4日で創立30周年を迎えます。これまで支えてくださった多くの方々に心から感謝しつつ、社会に役立つ新しい事業展開も視野に入れています。本書をご縁に、一緒に協働してくださる方々が増えたら幸いです。

２０２４年1月吉日
株式会社マザーグース　代表取締役会長
柴崎　方恵

【イベント・講演会】

２０２４年２月４日。株式会社マザーグース創立30周年記念パーティー及び出版記念パーティーを開催。そのほかの講演会も準備中です。

株式会社マザーグースホームページ：https://mothergoose.jp

【PR】

この本とゲームを使ったスクールを今後開催します。インストラクターも募集しますので、ご興味ある方は是非ご連絡ください。

連絡先：masae@mothergoose.jp　（柴崎）

2017 年 4 月　マザーグース Baby&Kids（企業主導型保育園）設立
2017 年 4 月　マザーグース BRANCH 茅ヶ崎 2 保育園（茅ヶ崎市認可小規模保育）設立
2019 年 9 月　㈱マザーグースホールディングス代表取締役となる
2019 年 10 月　人材紹介及び人材派遣認可取得
2020 年 9 月　㈱マザーグースヒューマンケア代表取締役兼任
2021 年 4 月　マザーグースつきみ野保育園（大和市認可小規模保育園 A 型）設立
2022 年 4 月　マザーグース神宮前保育園（企業主導型保育園）開園。その他、県立病院・個人病院内保育園 3 園でのイベント保育などを運営し現在に至る

《子供の PTA 役員》

私立幼稚園 PTA7 年／公立小・中学校 PTA6 年／私立高校では保護者委員長 5 年・PTA 会長 1 年を務める

《資格・特技》

（資格）普通自動車運転免許・英検 2 級・秘書検定 2 級・パソコン指導インストラクター・ベビーシッター講座講師及びインストラクター・CSP トレーナー・アロママッサージ・ベビーマッサージ・ヒーリングマッサージインストラクター
（特技）ピアノ・フラワーアレンジメント
（趣味）ドライブ・旅行・食べ歩き・茶道（表千家・裏千家）・趣味のお菓子作り
（スポーツ）テニス・ゴルフ・水泳　その他

著者略歴

柴崎 方恵（しばさき・まさえ）

東京都墨田区生まれ。茅ヶ崎育ち

1984月4月　大学卒業後ソニー㈱入社。役員秘書、技術者アシスタント、マニュアル作成（翻訳等）のち海外営業部マーケティングで北米担当する

1989年2月　結婚

1989年10月　長男出産

1990年2月　ソニー㈱退社

1990年2月　㈱シーサイドソフトウェア役員となる

1993年2月　次男出産

1994年2月　マザーグース設立（シーサイドソフトウェアの一事業部としてスタート）

1998年8月　有限会社マザーグース取締役社長となる

2000年7月　認可外施設マザーグース保育ルーム開設

2000年　通産省主催・新規事業開拓支援事業にて500万円を得る。「ママ安心システム」が認められ東京ビッグサイトにて展示

2002年4月　厚生労働省管轄・社団法人全国ベビーシッター協会（現公益社団法人全国保育サービス協会）理事を2期務める

2002年12月　離婚

2003年　マザーグース湯島支店・リトルハウス開園

2011年　㈱アンジェロ設立。カウンセリング専門会社開始

2013年　4月1日より神奈川県指定・障害児放課後等デイサービス開始

2013年12月　CSPトレーナー取得。講座開始

2015年4月　茅ヶ崎市子供・子育て会議委員となる

2015年12月　マザーグース保育ルーム（茅ヶ崎市認可小規模保育園）設立

2016年4月　マザーグース都立大学園（目黒区認可小規模保育園）設立

平成出版 について

本書を発行した平成出版は、基本的な出版ポリシーとして、自分の主張を知ってもらいたい人々、世の中の新しい動きに注目する人々、起業家や新ジャンルに挑戦する経営者、専門家、クリエイターの皆さまの味方でありたいと願っています。

代表・須田早は、あらゆる出版に関する職務（編集、営業、広告、総務、財務、印刷管理、経営、ライター、フリー編集者、カメラマン、プロデューサーなど）を経験してきました。そして、従来の出版の殻を打ち破ることが、未来の日本の繁栄につながると信じています。

志のある人を、広く世の中に知らしめるように、商業出版として新しい出版方式を実践しつつ「読者が求める本」を提供していきます。出版について、知りたいことや分からないことがありましたら、お気軽にメールをお寄せください。


book@syuppan.jp 平成出版 編集部一同

ISBN978-4-434-33393-4 C0036

子ども起業家スクール

令和6年（2024）1月16日 第1刷発行

著　者　**柴崎 方恵**（しばさき・まさえ）

発行人　須 田 早

発　行　**平成出版**G 株式会社
〒104-0061 東京都中央区銀座7丁目13番5号
N R E G銀座ビル1階
経営サポート部／東京都港区赤坂8丁目
TEL 03-3408-8300　FAX 03-3746-1588
平成出版ホームページ https://syuppan.jp
メール：book@syuppan.jp

発　売　株式会社 星雲社（共同出版社・流通責任出版社）
〒112-0005 東京都文京区水道1-3-30
TEL 03-3868-3275　FAX 03-3868-6588

編集協力／安田京祐、大井恵次
本文イラスト／しまだ いさお & illust AC
制作協力・本文 DTP ／ P デザイン・オフィス
Print ／ DOz